Celebremos la
diversidad
hispana

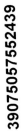

LA GENTE Y LA CULTURA DE CUBA

Melissa Raé Shofner

Traducido por Esther Sarfatti

PowerKiDS
press.

New York

Published in 2018 by The Rosen Publishing Group, Inc.
29 East 21st Street, New York, NY 10010

First Edition

Translator: Esther Sarfatti
Editorial Director, Spanish: Nathalie Beullens-Maoui
Editor, Spanish: María Cristina Brusca
Book Design: Rachel Rising

Library of Congress Cataloging-in-Publication Data

Names: Shofner, Melissa Raé.
Title: La gente y la cultura de Cuba / Melissa Raé Shofner.
Description: New York : PowerKids Press, 2018. | Series: Celebremos la diversidad hispana | Includes index.
Identifiers: ISBN 9781538327265 (pbk.) | ISBN 9781508163053 (library bound) | ISBN 9781538327579 (6 pack)
Subjects: LCSH: Cuba–Juvenile literature. | Cuba–Social life and customs–Juvenile literature.
Classification: LCC F1758.5 S56 2018 | DDC 972.91—dc23

Manufactured in the United States of America

CPSIA Compliance Information: Batch #BW18PK: For Further Information contact Rosen Publishing, New York, New York at 1-800-237-9932

CONTENIDO

BIENVENIDOS A CUBA

La República de Cuba abarca un **archipiélago** del mar Caribe constituido por una isla mayor, llamada también Cuba, y más de 4,000 islas, islotes y cayos. Cuba está situada a unas 100 millas (160.9 km) al sur de Cayo Hueso, Florida. La isla mide aproximadamente 750 millas (1,207 km) de largo y es la más grande del mar Caribe, a pesar de medir solamente unas 60 millas (96.6 km) en su punto más ancho.

Cuba es un país de habla hispana. Su **cultura** es una mezcla dinámica de influencias africanas, europeas e indígenas; muchos cubanos son de origen español. La rica **herencia** de Cuba se aprecia en la comida, la religión, el arte y la música del país.

El gobierno de un país, a menudo, influye fuertemente en su cultura. Esto es especialmente cierto en el caso de Cuba, que es un lugar que en gran parte ha sido moldeado por su turbulenta historia política.

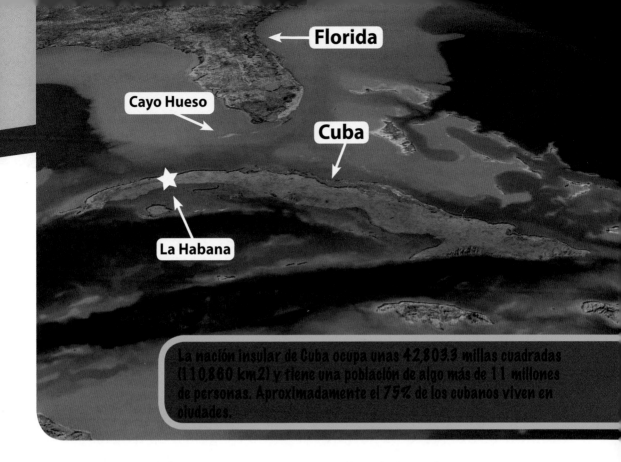

Florida

Cayo Hueso

Cuba

La Habana

La nación insular de Cuba ocupa unas 42,803.3 millas cuadradas (110,860 km2) y tiene una población de algo más de 11 millones de personas. Aproximadamente el 75% de los cubanos viven en ciudades.

El lenguaje es importante

Tal vez hayas oído a la gente usar la palabra "hispano" para describir a una persona, cuando en realidad debería decir "latino". Estas palabras se confunden a menudo, pero no deben usarse **indistintamente**. "Latino" es la palabra que describe a una persona que vive en Estados Unidos y cuyos antepasados son de América Latina. Existen personas que prefieren no usar ninguno de estos dos términos a la hora de describirse. Cuando alguien te dice cómo quiere hablar de su identidad, es importante respetar sus deseos y usar el lenguaje que esa persona prefiera.

BELLEZA NATURAL

Cuba incluye unas 2,000 islas pequeñas que rodean a la isla principal. Cuando se mira el país desde muy arriba, la isla grande parece un caimán. Algunas personas llaman a Cuba "el caimán" debido a su forma.

El paisaje de Cuba incluye selvas, praderas, desiertos y bosques. Sin embargo, aproximadamente un 25% de la isla está cubierta de colinas y montañas, mientras que gran parte del resto es llanura. El clima de la isla es tropical, lo que quiere decir que el tiempo es caluroso y húmedo. La temperatura promedio anual es de unos 77 °F (25 °C). Pueden ocurrir huracanes en la zona entre julio y octubre.

La caña de azúcar y el tabaco son los cultivos más importantes de Cuba. Los puros de Cuba son conocidos en todo el mundo por su excelente calidad. El café, el pescado y el níquel también son productos importantes.

La tierra en el valle de Viñales es perfecta para la agricultura. El tabaco se ha cultivado en este valle usando métodos tradicionales durante cientos de años.

Recursos naturales

El valle de Viñales, situado en la punta occidental de Cuba, es conocido tanto por su geografía como por su cultura **tradicional**. Unas colinas redondeadas, llamadas mogotes, están repartidas por el valle. Algunos mogotes miden hasta 984.3 pies (300 m) de altura. En Viñales se han preservado los estilos tradicionales de las casas, métodos de cultivo, artesanías y música; a pesar de las muchas visitas que el valle recibe de gente de fuera.

UNA HISTORIA TURBULENTA

El pasado histórico y político de Cuba ha jugado un papel muy importante en la cultura del país. Los primeros pueblos que vivieron en Cuba fueron los guanajatabeyes y los siboneyes. El pueblo taíno, que vivía en la actual Venezuela, tomó el control de la isla hace unos 1,000 años.

En 1492, Cristóbal Colón reclamó Cuba para España. Los colonos españoles comenzaron a llegar en 1511. Llevaron consigo esclavos africanos para que cultivaran y cosecharan la caña de azúcar. También llevaron la guerra y enfermedades que mataron a mucha gente indígena.

Durante la guerra hispano-estadounidense de 1892, Estados Unidos ayudó a expulsar a las fuerzas españolas de Cuba. Al terminar la guerra, Cuba consiguió su independencia de España; aunque Estados Unidos siguió interviniendo en los asuntos del país. En 1902, se estableció la República de Cuba; pero el nuevo Gobierno de Cuba era débil y mucha gente vivía en la pobreza.

Esta imagen de la revista *Harper's Magazine*, de 1852, muestra a unos esclavos que trabajan en una plantación de caña de azúcar, en Cuba. Las culturas de los españoles, africanos y pueblos indígenas ya habían empezado a mezclarse en esta época.

9

Fulgencio Batista fue un militar cubano que gobernó Cuba entre 1933 y 1944. Durante esa época, creó un gobierno eficaz e hizo muchas mejoras en el país. Batista volvió a ser líder de Cuba entre 1952 y 1959, pero esta vez como dictador. Esto significa que tenía todo el poder político y lo utilizaba para ganar dinero y tratar muy mal a la gente.

Fidel Castro nació en la finca de caña de azúcar de sus padres. A los seis años lo enviaron a Santiago de Cuba para que continuara sus estudios. En su juventud se hizo abogado y luchó por los derechos de los pobres. Castro y su hermano Raúl estaban en contra de Batista y lucharon, junto a otros para derrocarlo. Batista huyó de Cuba en 1959, cuando Fidel Castro y las fuerzas **rebeldes** tomaron el control del país, y se estableció un sistema comunista. Algunos cubanos creían que el comunismo acabaría con su miseria, mientras que otros estaban en contra del sistema.

Esta pintura de Fidel Castro está en el Museo Nacional de Bellas Artes de La Habana, la capital de Cuba. Aunque muchos lo consideran un dictador, Fidel Castro también es un símbolo de revolución alrededor del mundo.

¿Qué es el comunismo?

El comunismo es una forma de gobierno y un sistema económico en el cual los bienes son públicos en lugar de privados. En un sistema comunista ideal, la gente trabaja según sus capacidades y recibe bienes según sus necesidades. Este sistema es diferente del capitalismo, donde los bienes y el comercio de un país están en manos privadas en lugar de pertenecer al estado. El comunismo se estableció en varios países a principios del siglo XX y durante las dos guerras mundiales. Hoy, los únicos países que siguen siendo comunistas son Cuba, China, Corea del Norte, Laos y Vietnam.

UN CAMBIO DE PODER

Al principio, otros países comunistas, como la Unión Soviética, apoyaban a Cuba. Estados Unidos, sin embargo, estaba en contra del comunismo y dejó de tener actividad comercial con Cuba. En 1962, Estados Unidos amenazó a Cuba después de descubrir que había **misiles** soviéticos en el país. Finalmente, la Unión Soviética aceptó llevarse los misiles de Cuba. Cuando la Unión Soviética colapsó en 1991, Cuba perdió a un **aliado** muy valioso.

Fidel Castro ejerció los cargos de primer ministro, presidente y comandante de las fuerzas armadas de Cuba durante casi 50 años. En 2008, sus problemas de salud lo obligaron a renunciar y ceder el poder a su hermano Raúl.

En 2008, las relaciones entre Cuba y Estados Unidos comenzaron a mejorar. En 2015, Estados Unidos volvió a abrir su **embajada** en Cuba, por primera vez en más de 50 años. Poco después, Cuba hizo lo mismo con su embajada en Estados Unidos.

Raúl Castro se convirtió en líder de Cuba en 2008, cuando su hermano Fidel renunció a causa de sus problemas de salud. Fidel tenía 90 años cuando murió, el 25 de noviembre de 2016. En esta foto se ve a Raúl durante el acto conmemorativo para su hermano.

INFLUENCIA GUBERNAMENTAL

La cultura de Cuba es diferente a la de muchos otros países hispanos. Refleja fuertemente sus conexiones históricas con España, pero también tiene mucha influencia africana, la cual se aprecia en la danza, el arte y la música del país.

Antes de 1959, las ciudades más grandes de Cuba servían de centros culturales para el país. Después de la Revolución cubana, de 1959, el nuevo Gobierno de Castro trabajó arduamente para que la cultura llegara a los cubanos de toda la isla. El Ministerio de Cultura, una agencia del gobierno, se estableció en 1976 para fomentar la cultura cubana. El Ministerio de Cultura ayudó a establecer más de 200 museos y unas 2,000 bibliotecas por toda la isla. Los cubanos también comenzaron a tener mayor acceso a la música, el teatro, el arte y la danza.

La educación es importante para la gente de Cuba. Las escuelas son gratuitas y públicas. Los niños están obligados por ley a asistir a la escuela y aprenden acerca del comunismo desde muy temprana edad.

La religión en Cuba

Antes de la revolución, la mayor parte de la población cubana se identificaba como católica, aunque poca gente practicaba la religión. Bajo el Gobierno de Castro, se cerraron más de 400 escuelas católicas. El Partido Comunista levantó la prohibición de la religión en 1991. Hoy en día, mucha gente practica la santería, una religión de África occidental que es una parte importante de la cultura cubana.

15

FIESTAS NACIONALES

El 26 de julio de 1953, Fidel Castro y un grupo de rebeldes atacaron el cuartel militar Moncada, en Santiago de Cuba. Ese fue el primero golpe serio llevado a cabo por un grupo rebelde contra la dictadura de Batista, y marcó el comienzo de la revolución. El ataque falló, pero simbolizó el deseo de muchos cubanos de derrocar a Batista.

Desde 1959, Cuba había celebrado el Día de la Rebeldía Nacional el 26 de julio. A partir de 1976, también se hicieron festivos el 25 y el 27 de julio. En cada una de estas tres fechas se celebra el Día de la Rebeldía Nacional; se cierran las escuelas y los negocios, hay actos públicos, discursos y se iza la bandera revolucionaria en todo el país. El Día de la Rebeldía Nacional es seguramente la conmemoración más importante de Cuba.

El 10 de octubre se celebra del Día de la Independencia de Cuba. En esta fecha, en 1868, Cuba comenzó a luchar por obtener su libertad de España, la que consiguió en 1902.

Cada año, a finales de julio, tiene lugar el carnaval en Santiago de Cuba y La Habana; y a menudo coincide con la celebración del Día de la Rebeldía Nacional. El carnaval es una festividad de diez días llenos de color, música y danza. Celebra la rica mezcla cultural española y africana que existe en Cuba.

La Navidad regresa a Cuba

En 1969, el Gobierno de Cuba declaró que la Navidad ya no era una fiesta nacional. Esto ocurrió en una época en la que el gobierno se consideraba antirreligioso, porque creía que las iglesias estaban en contra de la revolución. Muchos líderes religiosos dejaron el país o fueron expulsados en esa época. La Navidad volvió a ser una fiesta nacional en 1997, justo antes de la visita del papa Juan Pablo II a Cuba, en 1998.

COCINA SENCILLA

Las comidas cubanas suelen ser sencillas. Muchos platos incluyen arroz y frijoles. El estilo criollo es propio de muchos países hispanos, entre ellos Cuba y Puerto Rico. En la cocina criolla se mezcla la carne, como el pollo o la carne de res o de puerco, con arroz, frijoles, varias verduras y especias. Los sándwiches, las sopas y los estofados también son platos populares.

Una salsa llamada sofrito se prepara con ajo, pimientos y tomate fresco, junto con un poco de harina y especias. El sofrito da buen sabor a muchas comidas cubanas.

Debido a las reglas gubernamentales y los límites sobre el comercio, la comida en Cuba está racionada. Esto significa que el Gobierno reparte la comida en cantidades fijas. Ciertos alimentos, como la carne, suelen ser difíciles de encontrar. La mayoría de los restaurantes de Cuba también están administrados por el Gobierno.

Muchos platos cubanos llevan arroz, frijoles, verduras y plátanos fritos. Los plátanos verdes son parecidos a los plátanos maduros o bananas. También se incluye carne en las comidas cuando está disponible.

19

ROPA INFORMAL

Hoy en día, los cubanos generalmente llevan ropa occidental moderna, sobre todo de algodón ya que se trata de un país tropical. En cambio, los trajes tradicionales cubanos son una mezcla de estilos españoles y africanos. Se aprecia

Estas mujeres llevan vestidos tradicionales de estilo rumba.

GUAYABERA

una fuerte influencia latina en las mangas aglobadas, las faldas de varias capas y las blusas de vivos colores con bordados. Los estilos africanos, como los turbantes, se utilizan a menudo. Los vestidos de estilo rumba, cuyo nombre viene de un tipo de música y danza cubana, son de colores llamativos y tienen muchos volantes. Hoy en día, estos vestidos se llevan en ocasiones especiales, como celebraciones y bodas, y también para eventos turísticos.

Los hombres cubanos tradicionalmente usan una camisa, llamada guayabera, que tiene dos o cuatro bolsillos y lleva tela doblada o pliegues en la parte delantera y trasera.

EXPLORANDO LAS ARTES

El Gobierno cubano apoya las artes, las cuales presentan una mezcla de diferentes estilos debido a la herencia cultural diversa del país. En el pasado, el arte era **censurado** por el Gobierno. Hoy, la creciente popularidad del arte cubano en otros lugares, como Estados Unidos y Europa, genera ingresos para Cuba. Esto ha llevado al gobierno a reducir sus **restricciones** e incluso a promover el arte cubano alrededor del mundo.

En la actualidad hay más de 200 casas de cultura repartidas por toda Cuba. Allí se ofrecen talleres para la gente que tiene interés en todo tipo de arte. Para apoyar a los artistas talentosos, el Gobierno cubano ha establecido el Instituto Cubano del Arte e Industria Cinematográficos, la Escuela Nacional de Arte y el Consejo Nacional de Cultura.

El cine cubano

Cada año, Cuba organiza el Festival Internacional del Nuevo Cine Latinoamericano, también conocido como el Festival de Cine de La Habana. El cine se convirtió en una industria importante después de la revolución de 1959. Muchos cubanos disfrutan yendo al cine. Las entradas solo cuestan el equivalente de unos 14 centavos porque el Gobierno controla la producción cinematográfica.

MÚSICA POPULAR

La música es muy importante para los cubanos. Tanto la música de estilo tradicional como la moderna aprovechan la rica herencia cultural española y africana del país. La música afrocubana se ha convertido en un símbolo de la identidad nacional. La música también es muy importante en la santería. La santería es una religión que tiene un gran papel en la cultura de Cuba.

El son y la rumba son dos de los varios estilos musicales en Cuba. En el son existe algo que se conoce como el bajo **anticipado**, que es una nota baja que suena antes del compás acentuado en una canción. Los temas más populares del son cubano son el patriotismo y el amor. La rumba es un estilo popular y alegre que sirve para bailar. Es posible que la palabra "rumba" venga del verbo "rumbear", que significa "andar de parranda".

A los cubanos les encanta tocar música. Es común verlos tocar instrumentos en la calle o en sus casas.

Alicia Alonso

Una de las bailarinas más renombradas de Cuba es Alicia Alonso, quien también es mundialmente famosa. Alonso nació en La Habana el 21 de diciembre de 1921 y es muy conocida por su interpretación de los ballets *Carmen* y *Giselle*. Alonso bailó con varias compañías de ballet internacionales y luego regresó a su país para fundar el Ballet Nacional de Cuba.

LITERATURA CUBANA

Después de la revolución, la literatura en Cuba sufrió la censura. Sin embargo, a partir de 1987 el gobierno ha reducido sus restricciones. Hoy en día, se pueden compartir abiertamente ideas importantes siempre que no se opongan al gobierno del país.

Muchos géneros literarios, como la novela, el cuento y la poesía, son populares en Cuba; existen allí varias revistas literarias. José Martí (1853-1895) fue un pensador, político y poeta que promovió la libertad de Cuba en sus escritos. Sus obras inspiraron a otros a escribir acerca de la independencia del país. Nicolás Guillén (1902-1989) fue poeta y **activista**, y es el Poeta Nacional de Cuba y principal representante de la poesía afrocubana o mulata. Entre sus muchos libros se encuentran *Sóngoro cosongo* y *El son entero*. Ernest Hemingway (1899-1961) fue un escritor estadounidense que vivió muchos años en Cuba. Sus novelas *Islas en el golfo* y *El viejo y el mar* tienen lugar en Cuba.

Hemingway y Fidel Castro se conocieron en un torneo de pesca.

27

¡JUGUEMOS A LA PELOTA!

En Cuba existe una agencia gubernamental llamada Instituto Nacional de Deportes, Educación Física y Recreación, que se encarga de muchos de los deportes y actividades recreativas del país. Los deportes son muy importantes para los cubanos y esta institución ofrece a los ciudadanos la oportunidad de participar en algunas de sus actividades favoritas.

Mientras que la mayoría de los países hispanos prefieren el fútbol, en Cuba el deporte nacional es el béisbol. Estados Unidos introdujo este deporte en Cuba en la década de 1860. Desde entonces, muchos jugadores estrella han salido de Cuba.

A los cubanos también les gusta el baloncesto, el fútbol y el voleibol. El boxeo es otro deporte popular, y Cuba ha tenido muchos campeones olímpicos. Además, a los cubanos les encanta jugar al dominó, un juego de mesa en el cual se usan unas fichas rectangulares.

El 12 de julio de 2015, Cuba jugó un partido de béisbol contra Estados Unidos en los Juegos Panamericanos de Toronto, Canadá. El equipo nacional de béisbol de Cuba es uno de los mejores del mundo.

29

COMPARTIR LA CULTURA CUBANA

Cuando Fidel Castro subió al poder en 1959, un gran número de cubanos adinerados dejaron el país. Muchos de ellos se establecieron en Miami, la segunda ciudad más grande de Florida.

Hoy en día, Miami es una ciudad agitada con una gran presencia e influencia cubana. El barrio conocido como la Pequeña Habana es el centro de la cultura hispana, donde se ve, escucha y saborea Cuba en las calles. El último viernes de cada mes tienen lugar los viernes culturales, donde celebran la cultura hispana y cubana del barrio.

Compartir la cultura cubana con el mundo a veces resulta difícil debido a las restricciones del Gobierno cubano, sobre todo en lo que se refiere a Estados Unidos. Confiamos en que las relaciones entre los dos países continúen mejorando.

GLOSARIO

activista: alguien que trabaja activamente para apoyar u oponerse a un asunto.

aliado: una persona o un país que se asocia con otro por un propósito común.

anticipar/ado: pensar en algo con antelación o de antemano.

archipiélago: conjunto de islas agrupadas en un área de mar.

censurar/ado: cambiar o eliminar partes de algo o prohibirlo por completo después de examinarlo.

cultura: las creencias y modos de vivir de un determinado grupo de personas.

embajada: la residencia u oficinas de un representante oficial de un país en otro país.

herencia: las tradiciones y creencias que forman parte de la historia de un grupo o nación.

indistintamente: se dice de cosas que se pueden usar de forma intercambiable.

misil: un objeto que se dispara o se lanza para alcanzar un objetivo desde lejos.

rebelde: alguien que lucha contra la autoridad.

restricción: algo que limita o controla.

tradicional: que sigue las mismas costumbres de hace mucho tiempo.

ÍNDICE

SITIOS DE INTERNET

Debido a la naturaleza cambiante de los enlaces de Internet, PowerKids
Press ha elaborado una lista de sitios relacionados con el tema
de este libro. Este sitio se actualiza de forma regular. Por favor utiliza este
enlace para acceder a la lista: www.powerkidslinks.com/chd/cuba